LLYFR GWEITHGAREDDAU
FFERM FACH
ACTIVITY BOOK

AF729057

Argraffiad cyntaf: 2025

Darluniau: Tom Mann / Matt Barry
Awduron: Aled O. Richards, William R. Samuel

Dymuna'r cyhoeddwyr gydnabod cymorth ariannol Cyngor Llyfrau Cymru.

ISBN: 978-1-80099-698-4

Cyhoeddwyd ac argraffwyd yng Nghymru gan
Y Lolfa Cyf., Talybont, Ceredigion, SY24 5HE
e-bost ylolfa@lolfa.com
gwefan www.ylolfa.com
ffôn 01970 832304

LLYFR GWEITHGAREDDAU
FFERM FACH
ACTIVITY BOOK

y Lolfa

Mae'r llyfr yma'n eiddo i:

ENW: ______________________

OED: ______________________

1

Wyt ti'n gallu helpu'r lindys i gyrraedd yr hadau yn yr afal?

Can you help the caterpillar get to the seeds in the apple?

Sawl hedyn sydd yn yr afal?

How many seeds are in the apple?

____

2

Chwilia am y ffrwythau a'r llysiau yn y chwilair.

Look for the fruit and vegetables in the wordsearch.

Y	FF	E	R	P	C	O	M
P	M	A	D	A	R	CH	A
RH	Y	C	E	N	N	I	N
E	G	S	W	N	U	D	R
H	LL	A	F	A	L	A	U
M	E	F	U	S	N	T	R
E	T	O	M	A	T	O	S
M	O	R	O	N	I	DD	E

AFALAU

MORON

CENNIN

TOMATOS

MADARCH

PANNAS

MEFUS

PYS

3

Cysyllta'r dotiau er mwyn gweld pa fwyd sy'n cuddio.

Join the dots to see which food is hiding.

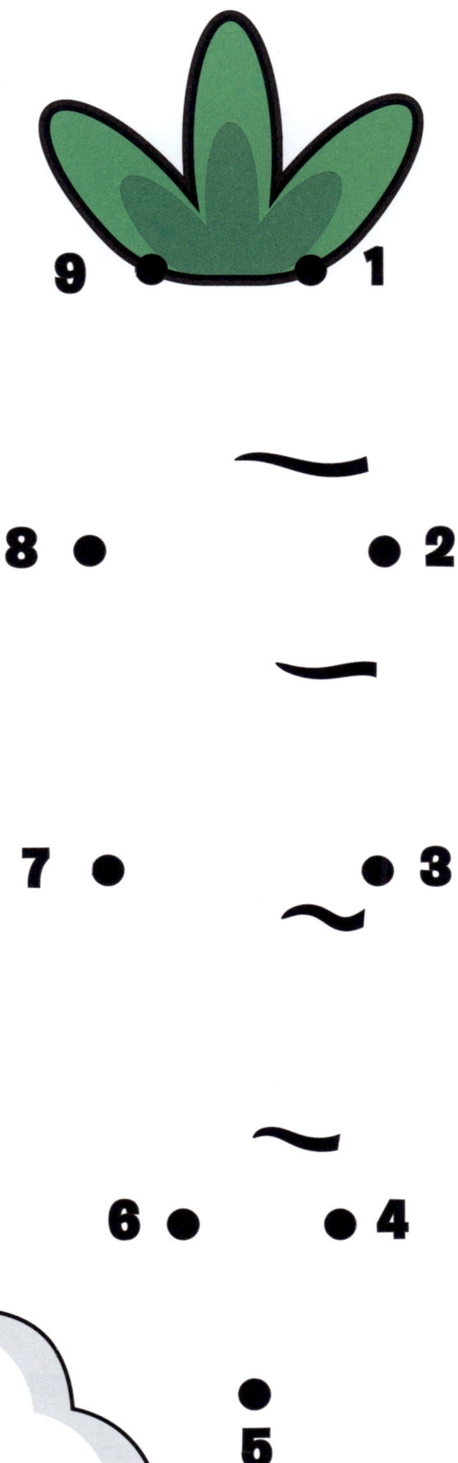

Beth yw'r llun?

What's the picture?

__ __ __ __ __ __ __

4

Tynna linell o'r gwenyn i'r cwch gwenyn cywir.

Draw a line between the bees and the correct beehive.

Sawl gwenynen weli di?

How many bees are there altogether?

______

5

Wyt ti'n gallu gweld y 5 gwahaniaeth rhwng y lluniau yma?

Can you spot the 5 differences between these pictures?

6

Lliwia'r llun o Hywel a Fferm Fach.

Colour the picture of Hywel and Fferm Fach.

7

Rho'r llythrennau yn eu trefn i sillafu'r offer sydd yn y bwcedi hud.

Put the letters in order to spell the names of the tools in the magic buckets.

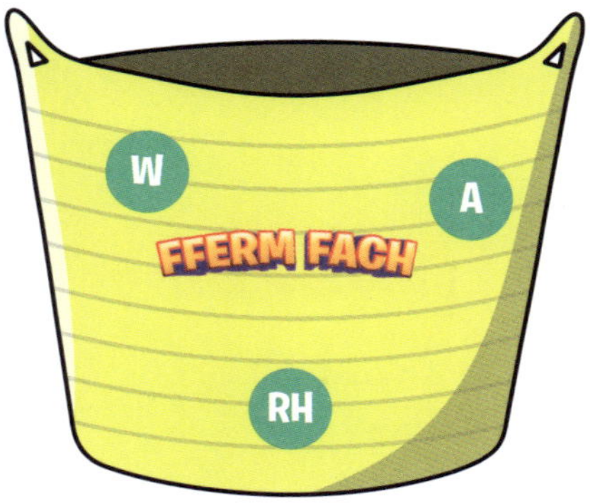

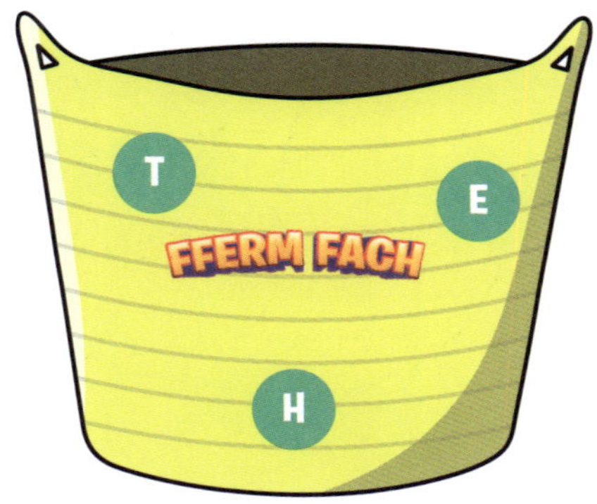

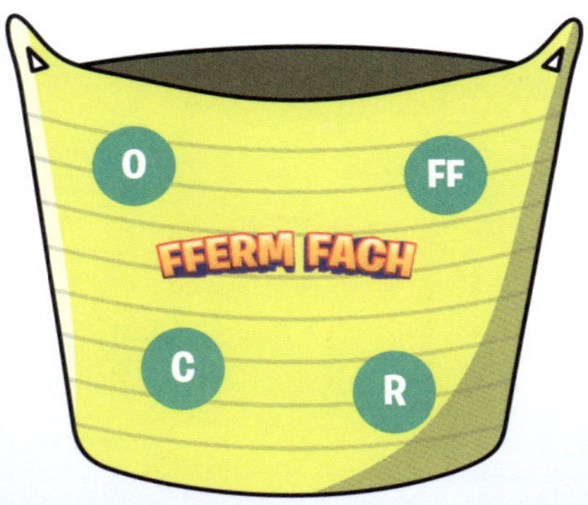

Jôcs Fferm Fach

Beth mae ieir yn dysgu yn yr ysgol?

Yr WY-ddor!

Pa flodau sy'n beryglus?

Dant y llew!

Sut mae gwenyn yn teithio yn bell?

Maen nhw'n dal y bwzzzzz!

Ble mae moch yn cadw eu harian?

Yn eu hambag!

Beth yw hoff ddiod buwch?

S-MWWW-ddi!

Beth sy'n waeth na dod o hyd i fwydyn yn dy afal?

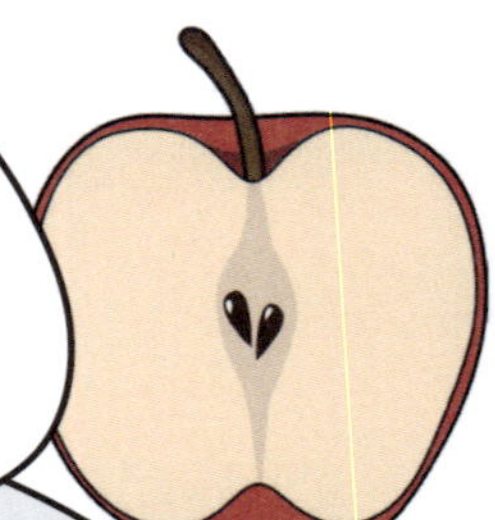

Dod o hyd i hanner mwydyn yn dy afal!

8

Chwilia am enwau'r bwydydd yn y chwilair.

Look for the food names in the wordsearch.

A	T	B	H	CH	U	LL	N
S	E	R	U	F	DD	A	S
E	N	O	R	P	T	E	J
L	I	C	A	W	S	TH	B
S	RH	O	Y	H	U	DD	L
I	M	L	H	A	L	E	N
G	FF	I	B	L	A	W	D
P	W	M	P	E	N	Y	H

BLAWD

LLAETH

BROCOLI

PWMPEN

CAWS

SELSIG

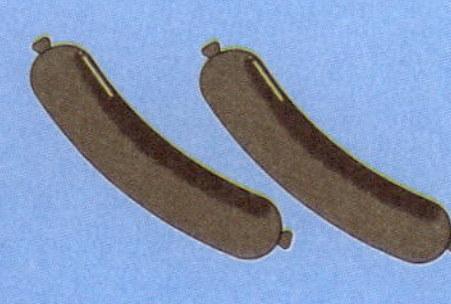

HALEN

TE

9

Wyt ti'n gallu gweld y 5 gwahaniaeth rhwng y lluniau yma?

Can you spot the 5 differences between these pictures?

Pa sbageti sy'n arwain at y peli cig?

Which spaghetti leads to the meatballs?

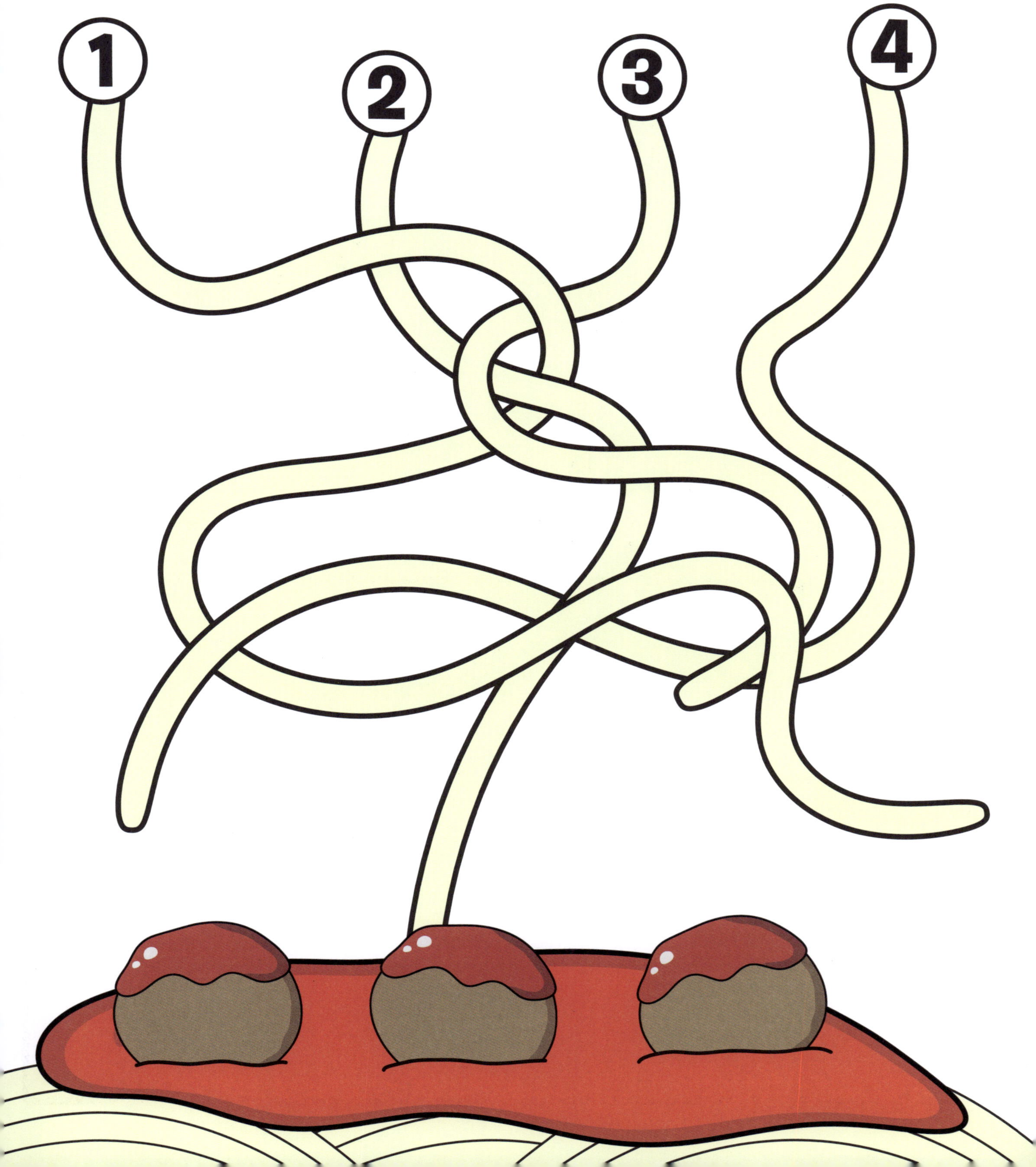

11

Cysylltа'r dotiau i weld beth sy'n cuddio.

Join the dots to see what's hiding.

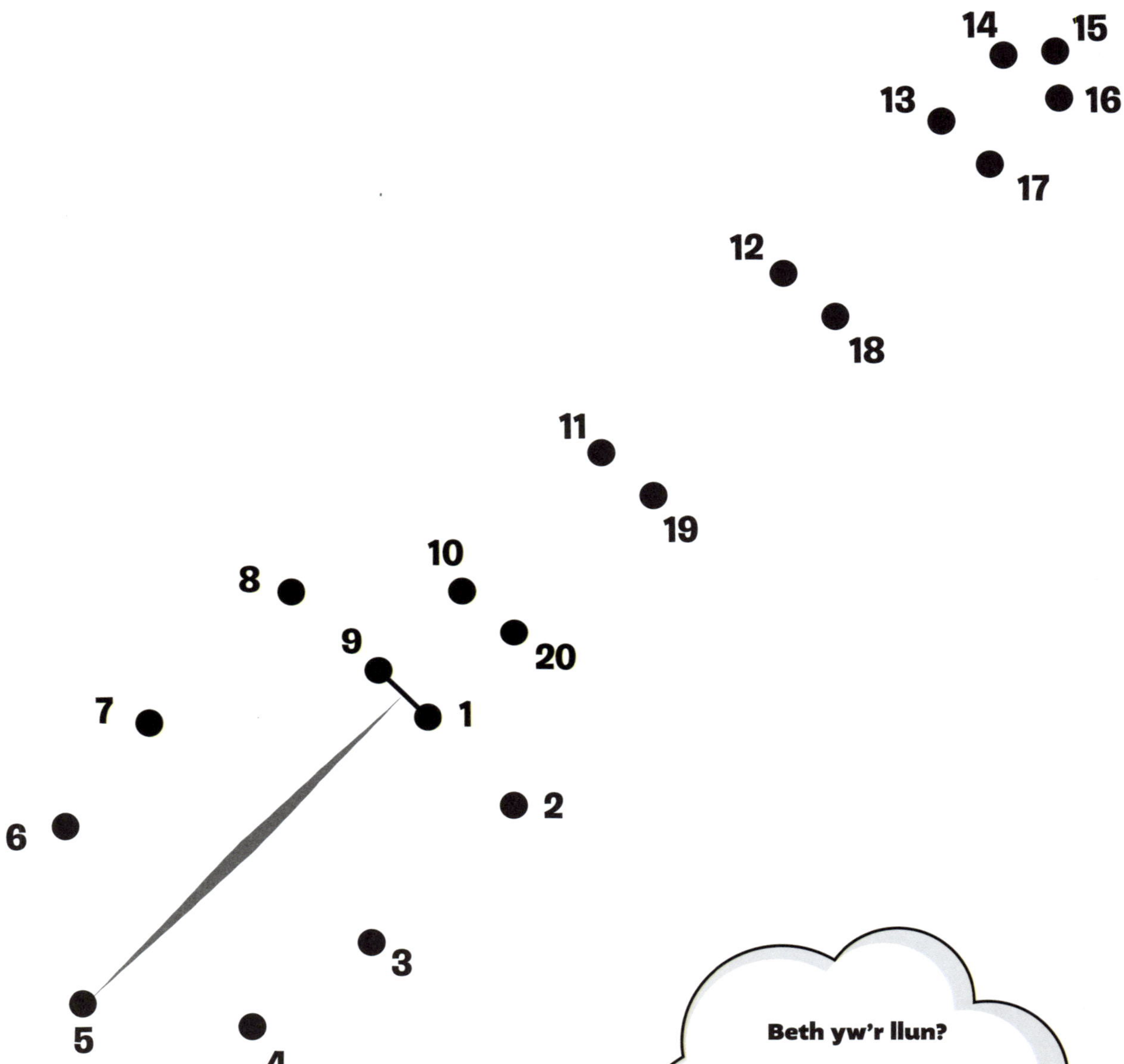

Beth yw'r llun?

What's the picture?

_____ _____ _____

Tynna linell rhwng y selsig a'r plât cywir.

Draw a line between the sausage and the correct plate.

Sawl selsigen weli di?

How many sausages are there altogether?

____

13

Dylunia gymeriad Fferm Fach.

Design a Fferm Fach character.

Wyt ti'n gallu helpu Hywel i ddal y pysgod? Pa linell sy'n arwain at y pysgodyn?

Can you help Hywel catch the fish? Which line leads to the fish?

Ffeithiau Ffantastig!

SELSIG

Mae'r selsigen hiraf yn y byd yn 39 milltir o hyd!

The longest sausage in the world is 39 miles long!

GARLLEG

Mae garlleg yn gallu cadw annwyd a mosgitos draw.

Garlic can keep mosquitoes and colds away.

GWYMON

Roedd y Llychlynwyr yn arfer bwyta gwymon fel byrbryd.

Vikings used to eat seaweed as a snack.

TE

Mae dail te arbennig yn cael eu tyfu gyda phridd a phw panda... sydd yn de drud iawn!

Special tea leaves are grown in soil and panda poo... which is a very expensive tea!

ASBARAGWS

Mae asbaragws yn gwneud i dy bi-pi di i ddrewi!

Asparagus makes your pee smell!

HALEN

Mae halen wedi ei ddarganfod ym meddau hen Eifftiaid.

Salt was found in the tombs of ancient Egyptians.

DŴR

Mae dŵr wedi cael ei ddarganfod ar y lleuad ar ffurf iâ.

Water has been found on the moon in the form of ice.

INDIA-CORN

Gellir tyfu india-corn lliwgar – a hyd yn oed rhai aml-liw!

You can grow colourful sweetcorn and multicoloured ones!

BROCOLI

Tyfwyd brocoli yn gyntaf gan y Rhufeiniaid.

Brocoli was first grown by the Romans.

MADARCH

Mae rhai madarch yn goleuo yn y tywyllwch!

Some mushrooms glow in the dark!

15

Wyt ti'n gallu gweld y 6 gwahaniaeth rhwng y lluniau yma?

Can you spot the 6 differences between these pictures?

Mae Hywel ar goll yng nghanol yr india-corn! Wyt ti'n gallu helpu Hywel i ddod o'r ddrysfa?

Hywel is lost in the sweetcorn. Can you help Hywel find his way out of the maze?

Tynna linell rhwng y pys a'r goden gywir.

Draw a line between the peas and the correct pod.

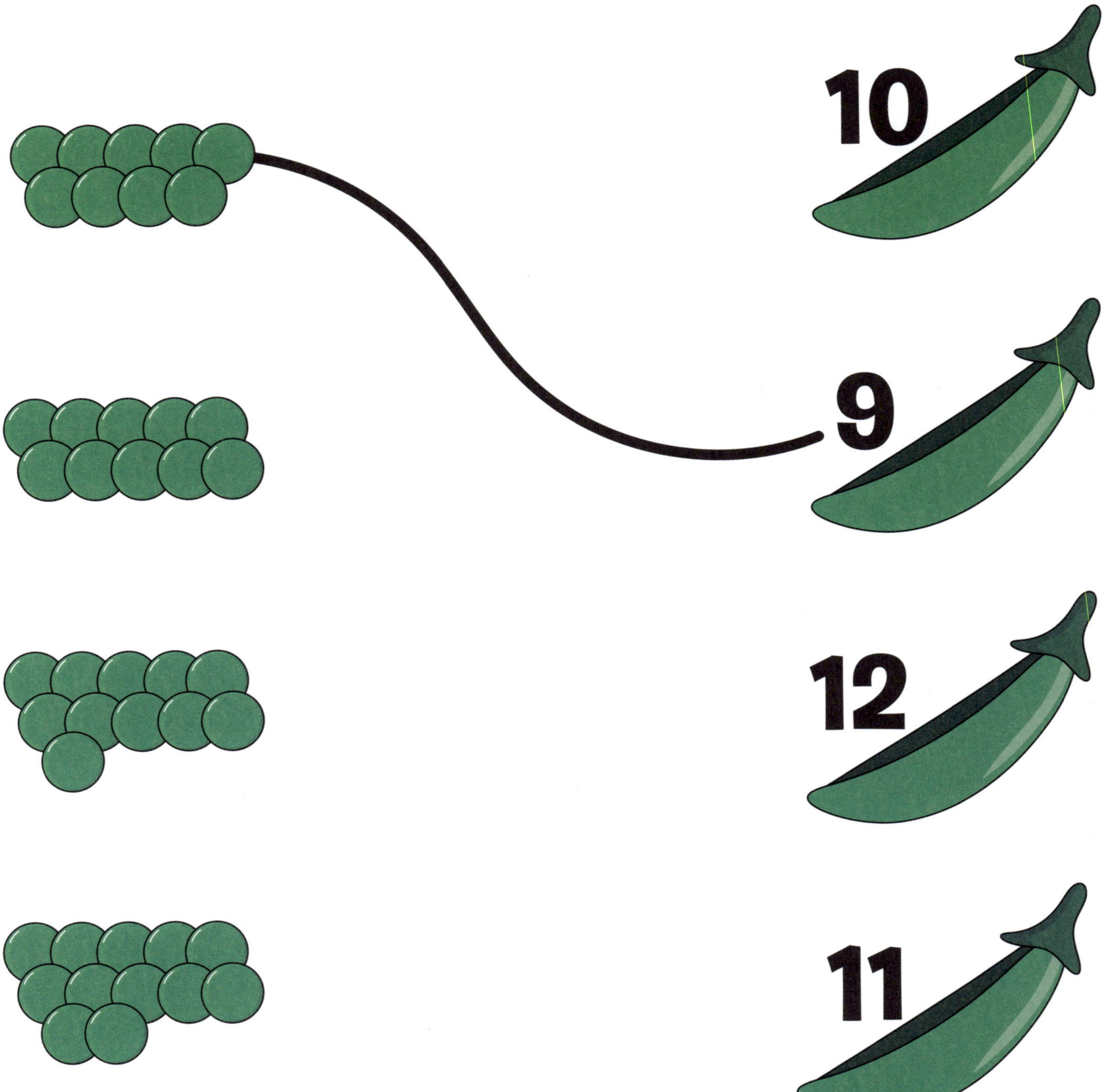

Faint o bys weli di?

How many peas are there altogether?

____

Lliwia'r llun!

Colour the picture!

19

Wyt ti'n gallu helpu'r llygoden? Pa lwybr sy'n arwain at y caws?

Can you help the mouse? Which line leads to the cheese?

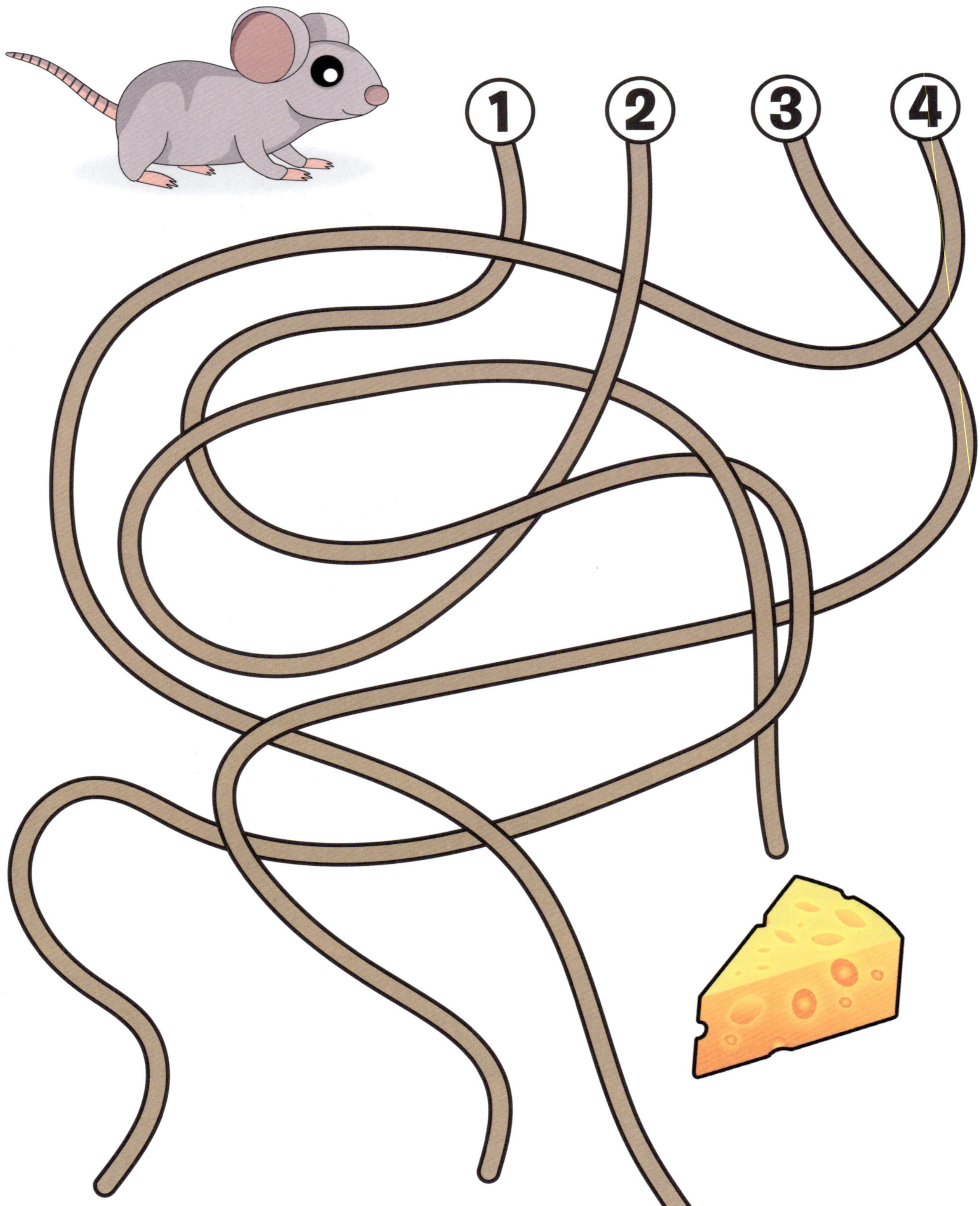

20

Cysyllta'r dotiau i weld beth sy'n cuddio.

Join the dots to see what's hiding.

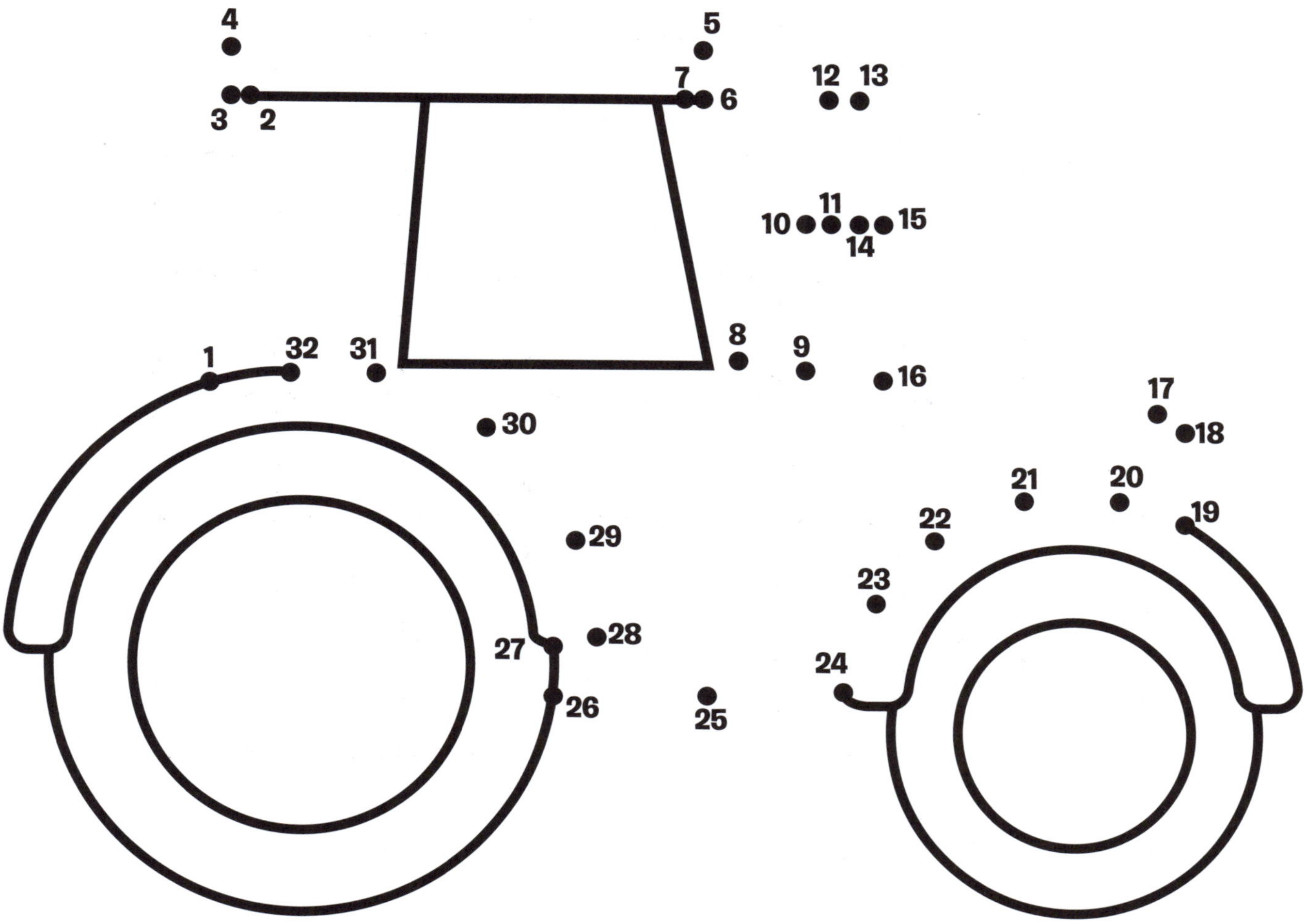

Beth yw'r llun?

What's the picture?

___ ___ ___ ___ ___ ___ ___

Chwilia am y pethau sydd ar Fferm Fach yn y chwilair.

Look for the things that are on Fferm Fach in the wordsearch.

C	A	M	C	L	A	W	DD
O	T	E	O	B	W	R	FF
E	R	FF	R	CH	H	T	E
D	A	F	A	D	Y	NG	R
E	C	B	FF	L	R	N	M
N	T	U	LL	E	N	I	D
I	O	W	G	A	N	W	Y
A	R	CH	D	E	O	S	W

BUWCH

FFENS
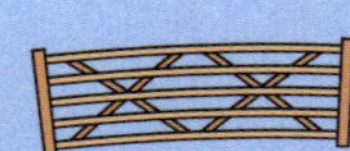

CLAWDD

FFERMDY

COEDEN

MOCHYN

DAFAD

TRACTOR

Jôcs Fferm Fach

Pa fath o gi sy'n drewi?

Pŵ-dl!

Beth yw hoff ddiwrnod dafad?

Dydd Meeercher!

Beth sy'n rhedeg o amgylch cae ond byth yn symud?

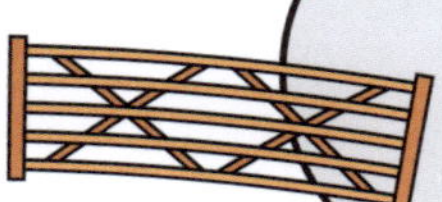

Ffens!

Pa lysieuyn sy'n hoff o'r mynyddoedd?

Ffa dringo!

Beth wyt ti'n galw eliffant ym mhegwn y gogledd?

Ar goll!

Rho'r llythrennau yn eu trefn i sillafu'r bwyd sydd yn y bwcedi hud.

Put the letters in order to spell the names of the food in the magic buckets.

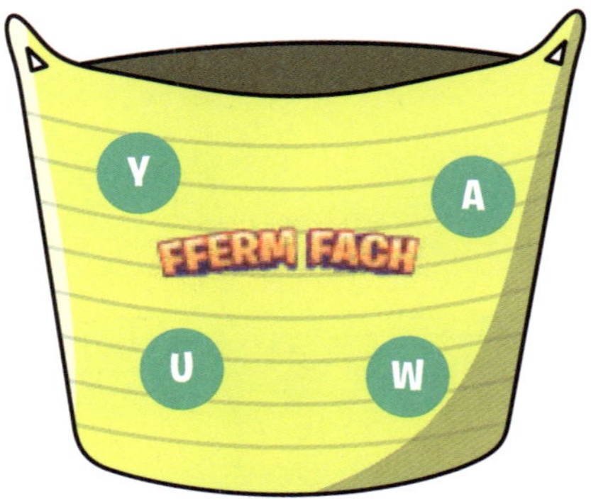

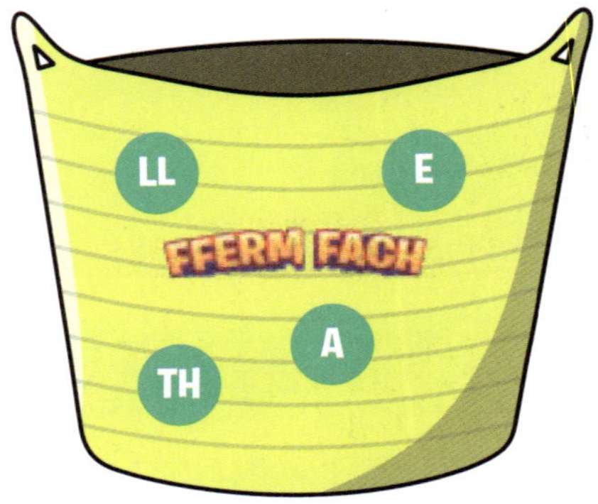

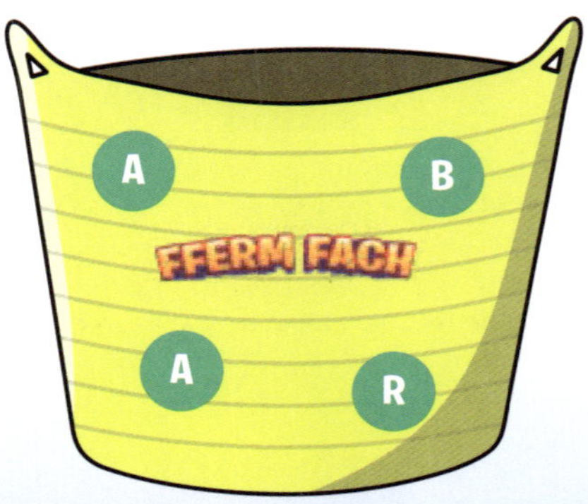

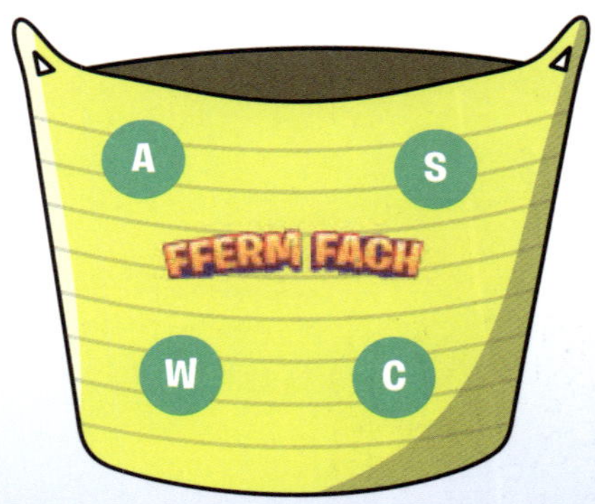

23

Wyt ti'n gallu gweld y 7 gwahaniaeth rhwng y lluniau yma?

Can you spot the 7 differences between these pictures?

Lliwia'r lluniau!

Colour the pictures!

Atebion

Answers

1  6 hedyn

2 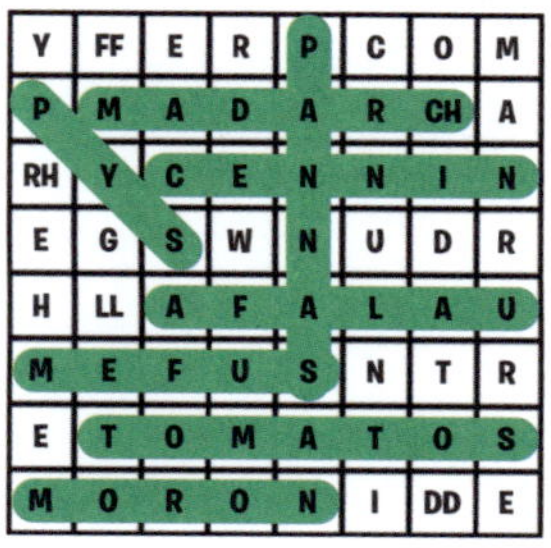

3 Moronen

4 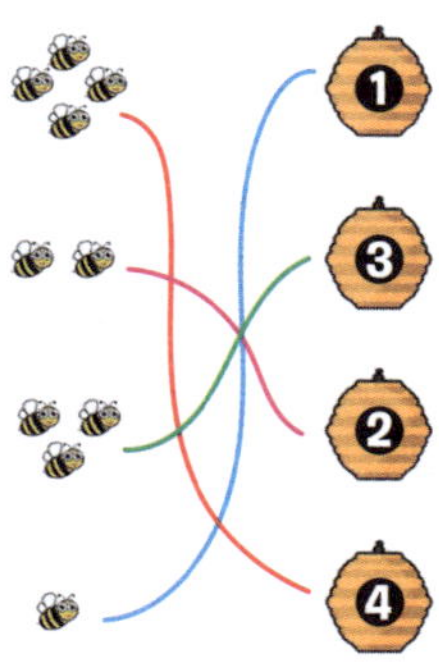 10 gwenynen

5 

7 Rhaw, Het, Fforc, Menig

8 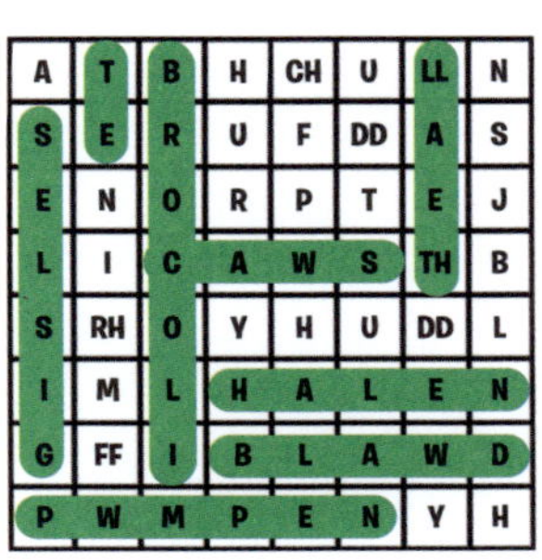

9 

10 Sbageti 2

11 Rhaw

12 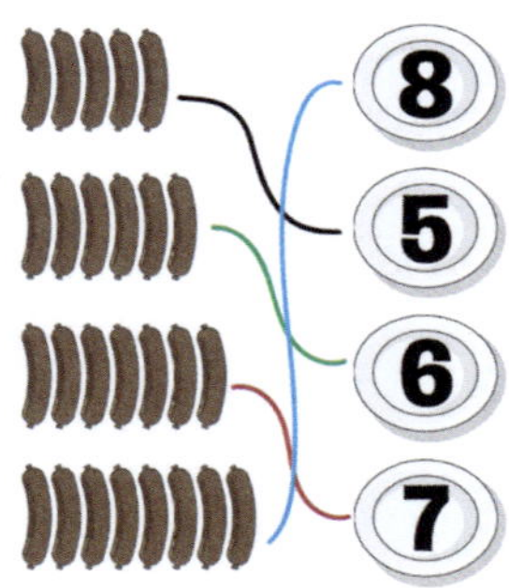 26 selsigen

14 Llinell 4

15 

Atebion

Answers

16

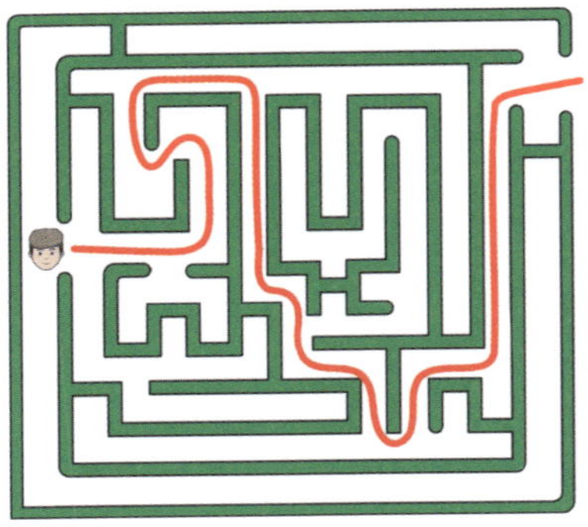

17

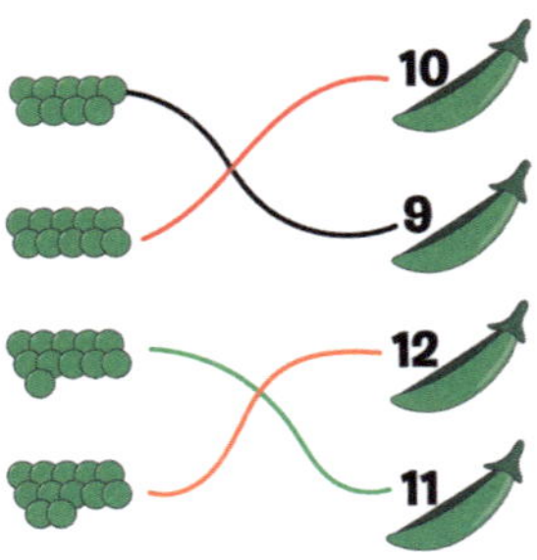

42 pysen

19 Llwybr 2

20 Tractor

21

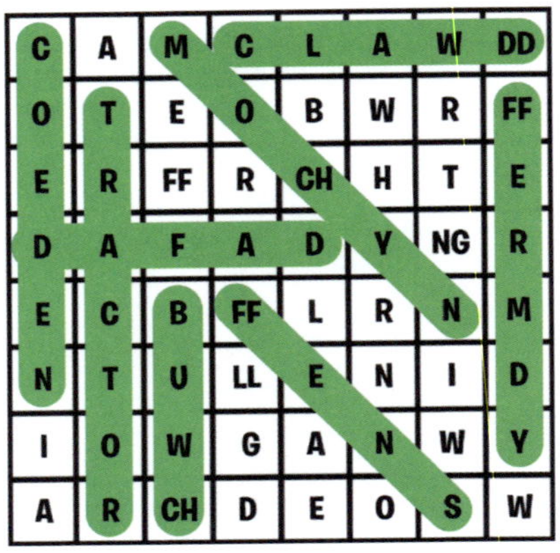

22 Wyau, Llaeth, Bara, Caws

23

Sganiwch y cod QR ar gyfer mwy o wybodaeth am Fferm Fach.

Scan the QR code for more information about Fferm Fach.

Hefyd o'r Lolfa

y Lolfa
www.ylolfa.com